LES MOBILES DE LA CREUSE

EN AFRIQUE

———

SOUVENIRS

LES
MOBILES DE LA CREUSE
EN AFRIQUE.

SOUVENIRS

Par

Le Capitaine Alexandre DUPUY

CONSEILLER D'ARRONDISSEMENT

BROCHURE VENDUE POUR LA LIBÉRATION DU TERRITOIRE

PRIX : *UN FRANC*.

GUÉRET

Imprimerie DUGENEST, rue du Marché, 3

PRÉFACE.

—

Obéissant à ce sentiment naturel qui fait trouver à l'homme quelques charmes dans le souvenir des impressions qu'il a éprouvées en voyageant, je vais, chers lecteurs, vous parler un peu de notre séjour en Algérie, cette France africaine, ce vaste camp transmaritime de la civilisation. — Que de pages glorieuses l'histoire de sa conquête n'a-t-elle pas fournies aux annales guerrières de ce siècle, depuis le jour où nos soldats sont allés arracher aux mains du dernier successeur de Barberousse l'étendard si longtemps redouté de la piraterie turque, jusqu'à cette brillante expédition qui faisait, il y a peu de jours encore, rentrer dans la soumission, due à l'autorité française, les turbulents et audacieux habitants de la Kabylie et des tribus sahariennes.

En me décidant à tracer ces lignes, je n'ai eu qu'un but : concourir à la délivrance du territoire et donner ainsi, par la vente de cette brochure, la plus grande partie de son produit à l'œuvre patriotique.

Départ des Mobiles de la Creuse.

Peu de temps après sa mobilisation, le **21**me régiment de marche reçut un ordre qui fit régner la joie dans tous les cœurs. — Cet ordre, si vivement réclamé par tous, prescrivait aux braves Creusois de se rendre, par trains rapides, dans la Champagne menacée par l'ennemi, et d'aller prouver leur élan irrésistible contre les hordes allemandes. L'exécution de cet ordre ne se fit pas longtemps attendrè, et nous partimes, heureux et contents d'avoir été désignés pour aller défendre notre mère commune à tous, la mère patrie, notre belle France, qui restera toujours la reine des nations, malgré ses malheurs.

Notre joie fut de courte durée; car, en arrivant à

Troyes, une décision ministérielle prescrivait au 21me de se rendre immédiatement en Afrique, dégarnie de troupes, où une insurrection formidable prenait, de jour en jour, d'inquiétantes proportions. — Ces nouvelles dispositions, qui nous obligeaient d'abandonner l'ennemi contre lequel on tardait de se mesurer, ne laissèrent pas que de nous attrister. — Toutefois, tous, se renfermant dans la stricte obligation du devoir, ne songèrent plus qu'à l'accomplissement de leur nouvelle mission et partirent pour aller défendre et soutenir, en Algérie, l'honneur du nom Français.

Peu de jours après, nous arrivions à Toulon, où nous attendaient les frégates *la Drôme* et *l'Entreprenante*, à bord desquelles nous fimes la traversée. — Les braves officiers de ces navires de guerre se mirent à notre disposition avec une grâce charmante ; je me fais un plaisir et un devoir de reconnaître tout ce que nous devons à leur bonté ! Qu'ils en reçoivent ici le sincère hommage de notre reconnaissance.

EN MER.

PREMIER JOUR. — PREMIÈRE NUIT.

Avez-vous navigué ? Je raconte aujourd'hui
Et notre premier jour et notre première nuit :

> Quinze cents sur un pont, des hommes à l'air grave ;
> D'autres moins soucieux, des soldats et des braves ;
> La cantinière qui pleure et plus tard soupire,
> Non pas du mal d'amour, mais d'un mal bien pire ;
> Un matelot criant au vent qui ne l'entend,
> Un homme dérangé qui répond mécontent.
> Puis arrive le soir ; dans une couverture
> Chacun veut de la nuit éviter la froidure.

Le second jour fut encore moins bon ; une mer houleuse, une mauvaise brise, un temps brumeux, nous réservaient pour la nuit suivante une véritable tempête. — La nuit arrive. — Le vent continuant de souffler avec violence, la mer devint très-grosse et bientôt, pendant que le tangage augmentait, survint une pluie torrentielle accompagnée d'éclairs très-vifs qui brillaient et se croisaient au milieu de la profonde obscurité de la nuit ; — de terribles détonations de la foudre ajoutaient à ces nouvelles émotions partagées par tous. — Cependant peu à peu l'ouragan s'apaisa, la mer devint moins houleuse, les sinistres présages parurent se dissiper, la bourrasque sembla fléchir, les nuages se divisèrent, le ciel s'éclaircit un peu et nous eûmes un temps plus clément jusqu'au moment où nous entrâmes dans le port d'Oran. Là, nous éprouvâmes une différence de climat étonnante ; l'air y était très-doux : la température était également agréable. — Les environs du port, vus de la mer, offrent les plus beaux points de vue et forment de délicieux paysages.

Il fallut bientôt songer au débarquement qui s'effectua le 1er octobre 1870

En mettant le pied sur le sol africain, nous fûmes reçus par les acclamations de la population, inquiète des tristes événements qui se succédaient si rapidement en France et dans la colonie; et cette pensée, que notre présence, en ranimant la confiance, était indispensable, remplissait tous nos cœurs d'un légitime orgueil.

Le camp de El-Hacaïba.

Situé à mi-côte d'une colline qui domine la belle,
l'immense, mais si dangereuse vallée de la Mékéra,
au milieu de laquele serpente la rivière du même
nom, la position topographique du poste militaire de
El-Haçaïba a été admirablement bien choisie au point
de vue de la défense. Que ne peut-on en dire autant
de sa position au point de vue de l'hygiène; mais je
laisse à la plume beaucoup plus autorisée que la
mienne, des savants et expérimentés disciples d'Es-
culape, le soin de traiter cette question, sur laquelle
on peut, malheureusement, s'étendre beaucoup dans
un sens défavorable.

Du camp une perspective, admirable par son étendue et sa variété, frappe le regard. L'horizon assez vaste, est fermé par des montagnes plus ou moins élevées desquelles se détachent de grands pins qui s'élèvent dans l'air comme autant d'obélisques de verdure.

Le coup d'œil d'ensemble est magnifique ! Rien de plus pittoresque, en effet, que toutes ces baraques blanchies, élevées sans aucune symétrie, autour du champ de manœuvres, traversé constamment en tous sens par les braves qui, tous les jours, viennent y perfectionner leur instruction militaire. — Voyez quel entrain ! — Quelle animation ! — Ici, des mobiles en rang qui se rendent à la corvée du génie ; là : des spahis ou des goumiers au teint bronzé, qui se rendent au bureau arabe ; plus loin, de gais compagnons qui vont ou viennent de prendre la fine goutte *(réveil-matin)* : là-bas le brillant escadron des chasseurs de France, au milieu de tout cela, le bruit incessant des trompettes, des clairons et des tambours.

D'ici, tout est beau, l'illusion est complète ; mais, attendez ; vous allez être bien vite désenchanté ; car, si vous avancez dans la montagne, pour y trouver un site, un endroit qui frappe la vue, vous êtes étonné de ne plus rien rencontrer qui offre le moindre attrait, et de ne trouver partout que la plus grande aridité.

Quel brusque et frappant contraste! Ceux qui n'ont vu que les Alpes et les Pyrénées ne peuvent se former une idée de l'aspect de ces solitudes. Des nuages, ou plutôt des brouillards, fument sans cesse autour des sommets de ces monts déserts. Quelques rochers percent ces vapeurs blanchâtres et ressemblent, par leur forme et leur immobilité, à des fantômes qui se regardent dans un affreux silence. Enfre les gorges et les montagnes, l'on n'aperçoit que des pins rachitiques qui, loin de varier la monotonie du tableau, en augmentent la tristesse.

Rentrons au camp, chers lecteurs, car les derniers rayons du soleil, embrassant les baraques qui bientôt vont les confondre avec le clair-obscur du crépuscule, nous annoncent l'heure de la retraite. — Suivons, pour nous y rendre, la route de Sidi-bel-Abbès, que nous aimions à appeler la route de France, parce que nous désirions vivement la suivre, pour aller tendre la main à nos vaillants compagnons d'armes de la mère patrie.

Le Garde mobile en faction.

Nous sommes au mois de décembre ! Il est tard, la nuit est froide, le chemin crie sous le pied qui le foule en passant. Les bruits du jour ont fait place au silence de la nuit ! — Avançons !

Regardez le ciel, comme il est pur, limpide et parsemé d'étoiles ! — Oh ! qu'il fait froid ! — Avançons encore, car le sang se glacerait dans nos veines. — Silence !

Voyez-vous maintenant ce factionnaire debout et l'arme au bras devant ce gourbis ? Quel est cet homme ? — Cet homme est un héros ! — C'est l'image de la Patrie ! — C'est l'épée, la fortune, l'honneur de la France. — C'est un garde mobile. Son artère est pleine du sang qui bouillonne dans sa poitrine et qu'il versera tout entier pour sa Patrie, quand l'heure des batailles sera venue; il le comprime dans ce moment, ce sang généreux, il l'arrête dans son impétuosité, — il est des heures qui commandent certain courage et certaine résignation.

L'entendez-vous; il nous a aperçus, et c'est à nous qu'il s'adresse : — Qui vive? — Qui vive! — France! Oui, France! brave mobile, car ce cri que je te donne en passant est le seul salut qui soit digne de toi; c'est le salut de la Patrie dont le cœur palpite et saigne et qui met en toi ses plus chères espérances.

Une promenade militaire.

Le deuxième bataillon du 21me régiment de garde mobile, habitué aux alertes et aux prises d'armes, faisait, le 3 janvier 1871, une de ces marches militaires dont les braves qui le composaient conserveront longtemps le souvenir.

La veille du départ, les ordres avaient été donnés pour l'approvisionnement des hommes; les différentes distributions de vivres furent donc faites le soir même : pain, vin, viande, sucre et café, rien n'y manquait; tout avait été prévu d'avance. Une commission, que j'avais l'honneur de présider, fut réunie pour voir décider quel serait le meilleur moyen à employer pour le transport des effets de campement.

— La joie régnait dans tous les cœurs. — Nous allons enfin sentir l'odeur de la poudre, disaient nos hommes qui, voyant tous ces préparatifs, pensaient que nous allions partir pour faire une expédition depuis long-temps projetée ; tout pouvait le faire présumer, en effet, car nous devions prendre la route du désert.

Le lendemain matin, tous les fils de Mars et de Bellone étaient prêts à partir. L'heure arrive, le bataillon se forme, le commandant tire son sabre, les tambours battent, les clairons sonnent, la colonne s'ébranle et prend la route de Touten-ïa-ïa, route charmante, qui suit parallèlement la petite rivière de la Mekéra. De joyeuses chansons et de gais refrains s'entonnent sur toute la ligne et nous arrivons à l'endroit où nous devions camper, après avoir franchi, pour ainsi dire sans nous en apercevoir, dix-huit ou vingt kilomètres : alors d'un coup d'œil exercé et rapide, le commandant désigne l'endroit où doit s'éta-blir le camp ; des grands-gardes sont immédiatement envoyées sur les petits monticules qui l'environnent, et des sentinelles placées, sous la surveillance des officiers de service, aux postes avancés.

Pendant qu'on s'occupe de l'établissement du camp

et que chacun fait sa part du service, les cuisiniers organisent leurs fourneaux ; un trou creusé dans la terre à l'aide d'un couteau ou de leurs doigts, c'est tout ce qu'il leur faut ; quelques branches ramassées çà et là, voilà le combustible ; les hommes se partagent d'eux-mêmes la besogne ; chacun sait ce qu'il doit faire ; aussi dans un clin d'œil, le camp fut établi et les tentes dressées et parfaitement alignées. — Tout à coup, un *qui vive* très-accentué, prononcé par une des sentinelles d'avant-garde, attire le regard de tous ; quelques hommes se détachent du poste avancé et s'emparent d'un arabe qui, sans la moindre résistance, se laisse emmener prisonnier. — Sa captivité ne fut pas longue, car, après avoir expliqué qu'il était chamelier, il fut sur-le-champ mis en liberté.

Puisque nous parlons de chamelier, laissez-moi vous dire un mot de ces pauvres hères, dont la vie est vraiment digne de pitié. Pendant sept ou huit heures tous les jours, et souvent davantage, ils marchent derrière leur troupeau, courant après lui comme un chien de garde. Un biscuit et un peu d'eau, quelquefois un pain d'orge, qu'ils font cuire le soir sous la cendre du bivouac, voilà toute leur nourriture. Un vieux burnous en loques leur tient lieu de vêtement, de lit et de couverture ; leurs pieds sont garantis des cailloux pointus du désert par des espèces de chaussures rustiques qu'ils font eux-mêmes avec la peau de leurs chameaux et des cordes d'alfa tressées.

L'alfa est une plante dont la couleur et l'apparence rappellent les petits joncs qu'on trouve en France dans les terrains marécageux ; elle croît en touffes épaisses et soulève, par ses racines, la terre qui l'environne, de manière à former un petit monticule. Ces mottes fourrées sont pour les lièvres des gîtes excellents ; probablement aussi l'alfa est une nourriture à leur goût, car on les trouve en abondance dans le voisinage de cette plante.

Mais laissons le chamelier aller se promener dans l'alfa et allons déjeûner, car j'entends de toutes parts crier à la soupe ! Si la soupe des hommes est cuite, notre déjeûner doit être prêt aussi, car, tant pis pour sa modestie, nous avons un excellent cuisinier, je dois même ajouter, pour rendre hommage à la vérité, que notre chef de *popote* donnerait des leçons à la *Cuisinière bourgeoise*. Un excellent repas nous attendait en effet, aussi nous ne fûmes pas longs à nous installer autour d'une nappe étendue par terre, à l'ombre d'un grand pin ; une nappe ! — Quel luxe ! — mais rien n'avait été oublié. — Le déjeûner servi, le feu des couteaux et des fourchettes fut bientôt, comme vous le pensez bien, engagé avec vigueur sur toute la ligne.

Le déjeûner fini, le signal du départ est donné, les tambours et les clairons battent et sonnent la marche du régiment et aussitôt les tentes sont renversées, roulées et pliées. — Nos hommes sont encore prêts à marcher — en avant si l'on veut.

Vous voyez, chers lecteurs, que nos mobiles savaient camper ; depuis le départ de leurs foyers ils n'avaient jamais vu un lit, aussi ils étaient aguerris, et, s'ils étaient mal vêtus, ils s'en consolaient et étaient heureux lorsqu'ils entendaient leurs officiers leur raconter qu'en 1792, alors que toute l'Europe fondait sur notre pauvre patrie, de jeunes recrues, sans habits, sans souliers et presque sans pain, gagnèrent les batailles de Jemmapes et de Valmy et préparèrent une suite, presque non interrompue, de triomphes. — Aussi, ils ne désiraient qu'une chose, nos braves mobiles, c'était de prouver qu'ils n'avaient point dégénéré et qu'ils seraient dignes de leurs pères.

Le Mobile de la Creuse.

Gens observateurs et curieux , si vous voulez satis-
faire vos goûts d'observation et de curiosité , venez
à Daya, traversez la redoute occupée par les mêmes
mobiles arrivés de France depuis quelques mois à
peine, et dites-moi si la transformation opérée chez
ces hommes ne tient pas du prodige.

Entrez dans les baraques, tout y est en ordre :
effets rangés avec soin, armes brillantes, propreté
rigide. Examinez les hommes , tous paraissent contents de leur sort ; ils vont, viennent, s'occupent
des choses du métier comme de vieux troupiers. La
vie monotone du fort est réglée de façon que l'ennui

ne puisse percer : théories, exercices, se font journellement , se font bien.

Après avoir vu le soldat, pénétrez chez l'offfcier, causez avec lui : il vous parlera de l'Afrique comme s'il y était né; il vous donnera des détails qui vous surprendront sur tout ce qui concerne les hommes; les soins hygiéniques à prendre, la façon de bivouaquer, de se garder, et tout cela, soit dit sans flatterie, parce que l'officier a eu à cœur, de se pénétrer promptement de son difficile métier.

Une messe militaire au camp de la Tabia.

(Extrait du journal l'*Echo d'Oran* ; 4 juillet 1871.)

Parmi les camps nombreux de l'Algérie, le plus gracieux, le plus coquet, le plus pittoresque, le mieux campé, est peut-être celui de la Tabia.

Nous l'avons habité ; nous y avons reçu l'hospitalité ; nous avons sablé le Champagne dans la tente du Capitaine commandant ; en un mot nous avons examiné, dans son ensemble et dans ses détails, cette délicieuse installation militaire.

Quoi de plus pittoresque, en effet, que toutes ces tentes symétriquement rangées. — Celles, dont la position isolée, frappent le regard et qui sont entourées de verdure et de charmants gourbis, sont habitées par MM. les Officiers. — Les pures traditions de la galanterie française, celles des nobles et belles manières se retrouvent intactes dans les quelques pieds carrés qui, au camp de la Tabia, servent de demeure au brave et excéllent Capitaine commandant le camp, auquel revient l'honneur d'avoir, le premier, fait célébrer le saint sacrifice dans cette partie de la colonie.

La messe au camp, offre à la piété des fidèles croyants, une mise en scène dont les effets sublimes pourraient servir de preuve à la divinité de la religion qui les inspire.

Cette cérémonie imposante avait lieu, il y a peu de jours, au camp de la Tabia.

A huit heures et demie, les hommes se rangeaient en bataille devant le gracieux hôtel, préparé à l'avance et paré de toutes les richesses inventées par la brillante fantaisie des gardes mobiles; puis, le prêtre s'inclinant, commençait la messe au commandement de « *portez armes !* » Un instant après, il remonte à l'autel et les hommes reposent leurs armes jusqu'à un nouveau signal donné à l'Évangile.

A ce signal, tous portent les armes, comme pour

dire : « *Présents* » et répondre ainsi à l'appel de Dieu. Un moment avant l'élévation , la modeste clochette donne le signal au capitaine qui s'écrie : *Portez armes! Présentez armes ! Genoux terre !* Au même instant tous s'inclinent; Dieu , seul, reste debout , dans la personne de son Ministre, et la vue de ces mobiles en armes, dont un genou touche la terre et l'autre courbé seulement, caractérise l'ensemble de la vie du soldat chrétien, ayant un genou incliné pour Dieu et l'autre debout pour la Patrie.

Pendant le Saint Sacrifice, près de cent condamnés aux travaux publics entonnaient des chœurs à rendre jaloux un directeur d'opéra.

La messe terminée, les sections se forment et le défilé au son du clairon : cette marche, qui couronne tous les mouvements militaires , ajoute un nouvel éclat à la cérémonie grandiose qui vient de se passer sous la voûte du ciel.

Cruelles séparations.

———

Pourquoi faut-il voir s'éteindre et disparaître du milieu de nous de braves officiers comme ceux dont nous déplorons la perte?

S'il ne nous appartient pas d'approfondir les desseins de la Providence, qu'il soit du moins permis au capitaine de la compagnie à laquelle appartenait le bon, le brave, l'excellent et si regretté sous-lieutenant Beàufils, de donner en passant, plus particulièrement à ce cœur d'élite, un souvenir et quelques mots de regrets.

Si la destinée humaine ne comporte pas une longue existence physique, le souvenir de ces mortels d'élite ne périra pas, du moins parmi ceux qui les ont connus.

Le 17 avril 1871 , le marabout Si-Kadour avec de nombreux dissidents , attaquait à Manghoura , le vaillant et intrépide commandand Marchand , administrateur du district de Magenta (El-Hacaïba). L'action fut vive , la plaine disparut bientôt dans une vaste atmosphère de flamme et de fumée ; le sol trembla sous les charges de la cavalerie , les bouches à feu vomirent la mitraille et la mort , et bientôt le terrain , jonché de cadavres arabes , prouvait une fois de plus la valeur de nos braves soldats. C'est à ce brillant combat où le docteur Boyron , de notre bataillon , était mis à l'ordre du jour pour le dévoûement et le courage dont ce médecin fit preuve en allant arracher nos blessés jusque sous les pieds des chevaux des cavaliers arabes.

Les pertes furent sensibles : deux braves capitaines, (MM. François, du 1er spahis , et Mercier , du 1er chasseur de France) trouvèrent une fin glorieuse à la tête de leurs escadrons , sur le champ de bataille.

Quelques jours plus tard , la terre se refermait sur les restes de nos infortunés camarades : le docteur Robinet et le commandant de Thézillat.

Après un aussi large tribut payé à la mort , on pouvait la croire satisfaite : hélas! Elle mit peu de temps à nous tirer de notre erreur, car elle devait faire une nouvelle victime et enlever à notre affection notre regretté ami, le sous-lieutenant Beaufils.

La Creuse venait, en effet, de perdre un de ses braves enfants; ses parents, le digne fils dont il faisait la joie et l'orgueil; l'armée, un serviteur dévoué; tous, un ami. — Doué des meilleures qualités de l'esprit et du cœur, bon par nature, généreux, indulgent, juste toujours, il m'a été donné bien souvent d'apprécier toutes les vertus qui le distinguaient. — Doué aussi d'un courage à toute épreuve et d'une énergie peu commune, il ne connaissait pas seulement le secret de ce courage brillant qui fait affronter la mort sur le champ de bataille; il possédait à fond la science, bien autrement difficile, de cette force morale qui nargue la mauvaise fortune dans les jours d'épreuve.

Très-bon officier et excellent camarade, aimé et estimé de tous, notre pauvre ami a emporté nos bien sincères regrets.

Puisse l'expression de ces regrets sincères être un adoucissement à l'immense et continuelle douleur qu'éprouve sa famille éplorée, depuis qu'elle a appris la fatale nouvelle.

Adieu! Encore une fois! Chers et regrettés camarades! Adieu! Au nom de tous ceux qui vous ont connus et ont appris à vous aimer et à vous estimer!

Le Retour.

—

Après onze mois de séjour sur le sol africain, l'heure du rapatriement arriva. — Le jour du départ fut fixé et tous ne ressentirent plus que la joie du retour. — Il serait superflu de raconter comment nos braves mobiles se tinrent prêts de bonne heure, et partirent le lendemain pour retrouver la voie ferrée qu'ils n'avaient pas vu depuis un an. — Après plusieurs jours de marche, nous aperçumes, en effet, le long panache d'un train et revîmes au Tléla, près d'Oran, le chemin de fer, ce trait d'union des villes et des nations entr'elles. — Deux jours après, la ville d'Alger, ce Paris de notre grande colonie trans-méditerranéenne, recevait dans ses murs le 21me régiment de mobile qui avait si puissamment contribué à la pacification de la colonie.

On s'occupa peu des curiosités de la ville. — Ces mosqués, ces costumes qui nous avaient frappés au débarquement, n'avaient plus pour nous le prestige de la nouveauté; l'habitude nous avait familiarisés avec eux.

Il fallut bientôt songer, comme disaient nos troupiers, « à remettre le pied dans le sabot » et procéder, de nouveau, à l'embarcation.

Cette fois, une brise favorable, une mer calme et douce permirent à nos braves creusois d'entonner avec entousiasme :

> Vers les rives de France
> Voguons.............
> ....

Enfin, après une heureuse traversée, un cri de joie s'échappa de toutes les poitrines : Terre ! Terre ! disaient les uns; — France ! Patrie ! s'écriaient les autres, et bientôt nous arrivions dans notre chère Creuse, au milieu de nos plus chères affections : nos parents et nos amis.

Le Capitaine ALEXANDRE DUPUY,
Conseiller d'arrondissement.